RAINER MARIA RILKE

IN UND NACH WORPSWEDE

Gedichte
Mit Bildern
von Heinrich Vogeler

Insel Verlag

Insel-Bücherei Nr. 1208

Haus-Segen, anno d. 99

Licht sei sein Los.
Ist der Herr nur das Herz und die Hand
Des Bau's,
mit den Linden im Land
Wird auch sein Haus
schattig und groß.

Rainer Maria Rilke seinem lieben Heinrich Vogeler
zum Anfang des neuen
und als Anhang des gut vollendeten Jahres.
Schmargendorf bei Berlin, am 29. Dec. 98

1. Sommerabend, 1905

Verse

Für meinen lieben Heinrich Vogeler

Herbst 1900

Schicksale sind (ich fühl es alle Tage)
viel *mehr* als Zufall, *weniger* als Lose.
Sind – Luft, gefühlt von einem Flügelschlage,
Abende im Bewußtsein einer Rose.
Und alles Tägliche und Unbetonte
ist Schicksal, wenn es einem *ganz* geschieht, –
und Schicksal ist ein jedes Lied,
wenn es im Schweigen jener sich belohnte,
die es umzieht . . .

Es kommt nur auf das eine Wachsen an
über die allertiefsten Dinge,
nur so zu werden, daß man das Geringe
mit seinen Sinnen nichtmehr finden kann.
Und so zu sinnen, als ob keiner sann,
und so zu gehen, als ob keiner ginge . .

Denn wirklich ist noch nie etwas erlebt
von allem wesenhaften Wunderbaren, –
vor deinen Türen steht der Tag und bebt,
und seine wachsende Gebärde strebt
nach deinen Sinnen, um sich zu erfahren.

Nimm etwas auf und sei es irgendwas:
war Liebe einmal schon gelebt gewesen?
und war schon einmal einer auserlesen
zu einem übergroßen Haß?
Das kam wohl alles über den und jenen –
aber nicht ganz, ohne Zusammenhang.
Wir wollen uns nach aller Ganzheit sehnen:
wir wollen Klang.

2. Frühling, 1896

DIE BRAUT

Ich habe sie in diesem Haus empfunden,
die blonde Braut, die lange einsam litt.
Mit ihrer Stimme singen alle Stunden,
und die Geräusche haben ihren Schritt.

Die Dinge, die mir täglich dienen mußten,
waren enttäuscht, wenn ich zu ihnen trat,
und sehnten sich nach einer Unbewußten,
die ihrer Einfalt wohler tat.

Nichts in dem Hause hat sie *laut* verraten,
doch alles sagte, daß es *mir* nicht gilt, –
und ging ich abends durch die Stuben, baten
mich alle Spiegel um ihr sanftes Bild.

3. Sommerabend, 1902

STIMMUNG IM BARKENHOFF

9. September

Mädchen, Dichter sind, die von euch lernen
das zu *sagen*, was ihr einsam *seid*;
und sie lernen leben an euch Fernen,
wie die Abende an großen Sternen
sich gewöhnen an die Ewigkeit.

Keine darf sich je dem Dichter schenken,
wenn sein Auge auch um Frauen bat;
denn er kann euch nur als Mädchen denken:
das Gefühl in euren Handgelenken
würde brechen von Brokat.

Laßt ihn einsam sein in seinem Garten,
wo er euch wie Ewige empfing
auf den Wegen, die er täglich ging,
bei den Bänken, welche schattig warten,
und im Zimmer, wo die Laute hing.

Geht! . . . es dunkelt. Seine Sinne suchen
eure Stimme und Gestalt nicht mehr.
Und die Wege liebt er lang und leer
und kein Weißes unter dunklen Buchen, –
und die stumme Stube liebt er sehr.
. . . Eure Stimmen hört er ferne gehn
(unter Menschen, die er müde meidet)
und: sein zärtliches Gedenken leidet
im Gefühle, daß euch viele sehn.

Ein Mädchen, weiß und vor der Abendstunde . . .
und immer wieder fühl ich sie wie Funde:
nicht nur sie selbst sind mir so wunderbar;
die leisen Linien von Hals und Haar,
und wie sie grenzen vor dem Hintergrunde.

Sie leben lange in Konturen nur.
Und auch die Worte, die sie abends haben,
vor Wiesenblumen oder Waisenknaben, –
sind ganz Kontur . . .

. . . . Halb Unbewußtes leben, halb im Eifer
feststellen, was man schaute, wie und wo,
zu Zielen gehn und wieder dann ein Streifer
im Ungewissen werden, einsam froh –:
hier leben diese schönen Mädchen so, –
halb noch ergriffen, sind sie schon Ergreifer . . .

Zu zwei Blättern Ihres großen Skizzenbuches

I
VERKÜNDIGUNG ÜBER DEN HIRTEN

. . . Einer neigte sich der Kronenblonden,
welcher ihre Sanftheit selig sprach, –
und, umrauscht von seidenen Rotonden,
gingen ihm die vielen Engel nach.

Kamen zu den Herden mit den Hirten,
und die Landschaft lag in Abendruh.
Helft uns weiter, weil wir uns verirrten!
sangen sie den fremden Männern zu.

Und die Hirten waren aufgestanden,
und die dunklen Herden schwankten schwer, –
und die Engel kamen hinterher,
wachsend und in faltigen Gewanden . . .

4. Verkündigung an die Hirten, 1902

II
RAST AUF DER FLUCHT

Nach einem Tag auf schmalen Pfaden
mit bangem Schaun zurück zur Stadt,
ist alles Bangsein abgeladen,
seit groß, mit abendlichen Gnaden
die Weite sich verwandelt hat.

Wo kann ein Feind in diesem Golde,
ein Saum in diesem Segen sein? –
Alles ist Mantel um die Holde,
und um ihr Haupt ist alles Schein.

Noch steht der Wächter mit der Lanze
gespannt bei Mutter, Kind und Tier, –
doch hält er sie so sanft, als pflanze
er in dem übergroßen Glanze
den ersten Schatten über *ihr* . . . .

Der Sonntag war so seidengrau,
das Land so weich und weit,
wie Hintergrund für eine Frau
in schlankem grünen Kleid.

Nur Kinderstimmen waren wach
bei einem fernen Spiel,
in die der Regen manchmal schwach,
in Bäumen blätternd, fiel.

5. Frühlingsabend, 1901

GESANG

Du blasses Kind, an jedem Abend soll
der Sänger dunkel stehn bei deinen Dingen
und soll dir Sagen, die im Blute klingen,
über die Brücke seiner Stimme bringen
und eine Harfe, seiner Hände voll.

Nicht aus der Zeit ist, was er dir erzählt,
gehoben ist es wie aus Wandgeweben;
solche Gestalten hat es nie gegeben, –
und Niegewesenes nennt er das Leben.
Und heute hat er diesen Sang erwählt:

Du blondes Kind von Fürsten und aus Frauen,
die einsam warteten im weißen Saal, –
fast alle waren bang, dich aufzubauen,
um aus den Bildern einst auf dich zu schauen:
auf deine Augen mit den ernsten Brauen,
auf deine Hände, hell und schmal.

Du hast von ihnen Perlen und Türkisen,
von diesen Frauen, die in Bildern stehn
als stünden sie allein in Abendwiesen, –
du hast von ihnen Perlen und Türkisen
und Ringe mit verdunkelten Devisen
und Seiden, welche welke Düfte wehn.

Du trägst die Gemmen ihrer Gürtelbänder
ans hohe Fenster in den Glanz der Stunden,
und in die Seide sanfter Brautgewänder
sind deine kleinen Bücher eingebunden,
und drinnen hast du, mächtig über Länder,
ganz groß geschrieben und mit reichen, runden
Buchstaben deinen Namen vorgefunden.

Und alles ist, als wär es schon geschehn.

Sie haben so, als ob du nicht mehr kämst,
an alle Becher ihren Mund gesetzt,
zu allen Freuden ihr Gefühl gehetzt
und keinem Leide leidlos zugesehn;
so daß du jetzt
stehst und dich schämst.

. . . Du blasses Kind, dein Leben ist auch eines, –
der Sänger kommt dir sagen, daß du bist.
Und daß du mehr bist als ein Traum des Haines,
mehr als die Seligkeit des Sonnenscheines,
den mancher graue Tag vergißt.
Dein Leben ist so unaussprechlich Deines,
weil es von vielen überladen ist.

Empfindest du, wie die Vergangenheiten
leicht werden, wenn du eine Weile lebst,
wie sie dich sanft auf Wunder vorbereiten,
jedes Gefühl mit Bildern dir begleiten, –
und nur ein Zeichen scheinen ganze Zeiten
für eine Geste, die du schön erhebst. –

Das ist der Sinn von allem, was einst war,
daß es nicht bleibt mit seiner ganzen Schwere,
daß es zu unserm Wesen wiederkehre,
in uns verwoben, tief und wunderbar:

So waren diese Frauen elfenbeinern,
von vielen Rosen rötlich angeschienen,
so dunkelten die müden Königsmienen,
so wurden fahle Fürstenmunde steinern
und unbewegt von Waisen und von Weinern,
so klangen Knaben an wie Violinen
und starben für der Frauen schweres Haar;
so gingen Jungfraun der Madonna dienen,
denen die Welt verworren war.
So wurden Lauten laut und Mandolinen,
in die ein Unbekannter größer griff, –
in warmen Samt verlief der Dolche Schliff, –
Schicksale bauten sich aus Glück und Glauben,
Abschiede schluchzten auf in Abendlauben, –
und über hundert schwarzen Eisenhauben
schwankte die Feldschlacht wie ein Schiff.
So wurden Städte langsam groß und fielen
in sich zurück wie Wellen eines Meeres,
so drängte sich zu hochbelohnten Zielen
die rasche Vogelkraft des Eisenspeeres,
so schmückten Kinder sich zu Gartenspielen, –
und so geschah Unwichtiges und Schweres,
nur, um für dieses tägliche Erleben
dir tausend große Gleichnisse zu geben,
an denen du gewaltig wachsen kannst.

Vergangenheiten sind dir eingepflanzt,
um sich aus dir, wie Gärten, zu erheben.

Du blasses Kind, du machst den Sänger reich
mit deinem Schicksal, das sich singen läßt:
so spiegelt sich ein großes Gartenfest
mit vielen Lichtern im erstaunten Teich.
Im dunklen Dichter wiederholt sich still
ein jedes Ding: ein Stern, ein Haus, ein Wald.
Und viele Dinge, die er feiern will,
umstehen deine rührende Gestalt.

6. Verkündigung an Maria, 1901

AUS EINEM WORPSWEDER CYKLUS: VOM TODE

. . . Er geht vor mir. Ich kann ihn immer sehn
und bin doch bange, ihn zu überholen.
Von seinen Schritten biegen sich die Bohlen,
und seine Schultern schließen die Alleen.

Er weiß den Weg, als wär das Land sein Eigen;
die Kreuzwegpfähle mit den langen Händen
scheinen sich von den Orten fortzuwenden
und heimlich hinter ihm auf ihn zu zeigen . . .

7. Tod und Alte, 1896

HERBST

Im welken Walde ist ein Vogelruf,
der sinnlos scheint in diesem welken Walde.
Und dennoch ruht der runde Vogelruf
in dieser Weile, die ihn schuf,
breit wie ein Himmel auf dem welken Walde.
Gefügig räumt sich alles in den Schrei:
Das ganze Land scheint lautlos drin zu liegen,
der große Wind scheint sich hineinzuschmiegen,
und die Minute, welche weiter will,
ist bleich und still, als ob sie Dinge wüßte,
an denen jeder sterben müßte,
aus ihm herausgestiegen.

BILDNIS

Ich bin ein Bild.
Verlangt nicht, daß ich rede.
Ich bin ein Bild, und mir ist eine jede
Gebärde schwer.
Mein Leben ist die Stille der Gestalt.
Ich bin Anfang und Ende der Gebärde.
Ich bin so alt,
daß ich nicht älter werde.
Menschen stehn manchmal in der Nacht bei mir
und halten mir den Leuchter vors Gesicht.
Und sehen Eines nur: *Ich bin es nicht.*

Steil in der Ecke steigt mein Wappentier.
Der Windhund steigt.
Und drüber schweigt
des schweren Helms geschlossenes Visier.

Begleitung zu Bildern

I
DAS HAUS

Leis steht das Haus vor einem letzten Sterne,
den die vergangne Nacht hinunterzieht.
Doch seine Fenster sind schon voller Ferne,
voll eines Morgens, welcher groß geschieht.

Zukünftiges und Weites im Gesicht –
so steht das Haus im noch nicht wachen Garten, –
und seine Stufen, die auf Wunder warten, –
täuschen sich nicht . . .

8. Maimorgen, 1900

II

RITTER, WELT UND HEIDE

Wie von dunklen Stimmen getragen
hebt vor dem Ritter die Heide an.
Und er hält, und sein Herz hört er schlagen,
schlagen an Türen von neuen Tagen,
die er kaum noch begreifen kann.

Von Tagen, die weit sind und nicht zu umreiten,
und Zielen, die man im Traum nur erzielt, –
von tausend Händen auf tausend Saiten
wird ihm auf einmal die Welt gespielt.

Zwei sind der Dinge nur: Leben und Nichtsein,
aber wie vieles ist damit gemeint!
Leben heißt: blinden Dingen Gesicht sein –
einmal verklärt und einmal verweint.

Für das Unbewegte sich rühren,
für das Wurzelgebundene – gehn,
alles immer Irrende führen
und das Vielzustumme verstehn . . .

. . . .

Sterben heißt: reiten auf schwarzer Erde,
Waffen tragen, die glänzend ruhn,
auf schwerem Pferd eine schwere Gebärde
unter dem dunklen Eisen tun . . .
Mit dieser Gebärde die Mutter wecken
und sich in warmen Armen verstecken –

(in den Wurzeln ist grade Raum)
und – einen Baum aus dem Herzen strecken,
einen roten,
rauschenden Baum:
so ist der Tod.

9. Am Heiderand, 1900

III
DER KAHN

. . . Und Einer steht, und Einer fährt vorbei,
und alle Nacht scheint nur für diese zwei
gemacht. Rasch treibt der Kahn mit einem Greise her,
steil steht der andre, wie von Arbeit schwer,
und der im Kahne schläft fast ein, der Greis.
Und der ihn schläfrig sieht, ist
wer weiß wer.

Einer der dieses Schläfrigsein begreift.
Einer in dessen Händen alles reift,
und wär es gestern aus dem Keim gestiegen, –
Einer der nahe steht an allen Wiegen
und an den gelben leeren Häuserfronten,
dahinter in den vielen sanftbesonnten
Bettreihn die blassen Langekranken liegen.
Und von den Alternden geht er nicht fort,
von denen, die nur *nahe* Dinge sehn,
und, nur berührt von einem *nahen* Wort,
noch Zufall und Zusammenhang verstehn –;
und die Verirrten nimmt er an der Hand
und führt sie weit bis an den Rand
des allerletzten Waldes, und er hängt,
die Gott verloren haben, an die Wand
wie leere Kleider, welche schwergetränkt
vom schwarzen Wasser sind aus faulen Teichen.

10. Die Nacht, 1897

Doch manchmal geben, die im Leben sind,
die Wirkenden und Wachen, ihm ein Zeichen
und rufen ihn in ihre Nachbarschaft.
Und wie ein Bruder steht er bei der Kraft.

So brauchen ihn manchmal die wahrhaft Reichen,
die alles um sich stellen, was sie rührt, –
und die in tiefen Stunden, ohne gleichen,
den überdauern, der aus langen Leichen
erschreckte Wärme in die Winde führt.

Er, der am fremdesten zum Leben steht,
ist wie der Türmer über einer Stadt,
der alles schaut, was schimmert, fällt und geht,
um den der Abendwind, wie dürstend, weht,
weil er die Glocken in den Händen hat,
die rufen werden zum Gebet . . . .

IV
WIDMUNG

Blaßblondes Mädchen im grünen Kleid,
es singt des Lebens Sinn:
König wird man aus Einsamkeit,
aus Liebe – Königin.

Blonde Blüte, der überstolze
Garten sinnt, dir Wurzeln zu schenken, –
Wurzeln zu deinen zarten Gelenken,
schwere Wurzeln aus trinkendem Holze, –
die sollst du versenken. –

Blühende Braut, in dem weißen Haus
fragen sich flüsternd die Uhren aus,
ob sie *Deine* Stunden, DU LICHTE,
auswendig wissen, wie Gedichte.

11. Frühling, 1898

NEUJAHRS-SEGEN ZU 1901

Ein Jahr, ganz voll von neuen Dingen:
ein neues, niegekanntes Jahr, –
(von welchem jene Engel singen,
die sich auf ausgewachsnen Schwingen
erheben aus der Schwesterschar) –
ein Jahr, das bauen will und bringen,
das von zwei Händen und zwei Ringen
und wie sie zueinander gingen,
erzählt – ; halb Märchen, wunderbar
und halb schon wirklich wird das Jahr;
und seine reifen Stunden klingen
für das, was wird, von dem, was war . . .

Sylvester 1900
Ihr Rainer Maria Rilke

12. Der Barkenhoff, 1904

Meinem lieben Heinrich Vogeler
mit einem russischen Heiligen

GEBET ZU SANKT GEORGS MACHT UND NAMEN:

Gegrüsset, Sankt Georg; Dein Drache klafft
wund – wie ein Abgrund und dunkelnden Munds.
Sankt Georg, der aus des Drachens Haft
ein sanftes Mädchen in blassem Taft
hinausführt ins rauschende Land
(noch zittert vom Kampf ihm die Hand,
und ihr lichtblaues Gewand
ist noch vom Knieen voll Sand
und von Angst gerafft) –
Sankt Georg, dem in die Krone
Mut emporsteigt, wie Seim und Saft
im Frühling Eichen die Stämme strafft,
Sankt Georg, gleichens-ohne:
        Deine fromme verkündende Kraft,
        Deine tiefe silberne Ritterschaft:
                Komme all über uns.
                    Wohne bei uns, wohne.
                            Amen.

13. Drachentöter, vor 1902

Meine Hände gingen voran,
es folgten meine Blicke dann
ihnen durch das Buch,
und waren schon die Hände leis:
die Augen, in der Furcht des Mai's,
gingen in einem großen Kreis
um einen jeden Spruch.

Und als es wieder leise war
im Buch, nach ihrem Gehn, –
ließ mein Gefühl sich wunderbar
allein den Weg geschehn.
Ging mitten durch das Blütenlos
und wurde klein und wurde groß,
je nach dem Raum im Reim;
und sehnte sanft sich heim,
als ihm der Tod im Boote sang,
und wurde bei der Weide bang,
der von dem hängenden Behang
das Leben lautlos rinnt.
Und ging dann still den Händen nach
zum Hause mit dem roten Dach,
darin das Leben tausendfach
und neu beginnt . . .

⟨*Zu Heinrich Vogelers Buch* Dir⟩

Mir ist: es wandert der weiße Saal
und als müßte er auch einmal
in meinem roten Zimmer sein.
Wir sprachen und dachten:
vielleicht am achten!

Vielleicht wird die Ferne wieder klein,
die wir wachsen und wachsen ließen, –
und die Abende, die wir heilig hießen,
finden sich schimmernd wieder ein.

Wir wollen einen wie viele empfinden
wenn sich alle entschließen in Winterwinden
zu dem Stück Worpswede zu kommen,
das Berlin in die Hand genommen,
ohne ihm was zu leid zu tun.
Also fragen und bitten wir: Nun?

Rainer Maria / Clara Westhoff / Paula Becker

ANHANG

RAINER MARIA RILKE
HEINRICH VOGELER IN WORPSWEDE

Statt eines Nachwortes

Für Menschen von ganz entschiedener, nicht auf Breite angelegter Art giebt es immer an einer Stelle ihrer Entwickelung einen Kreuzweg, und man könnte zwei Geschichten über sie schreiben: indem man sie das einemal rechts gehen läßt und das anderemal links. Die beiden Geschichten gingen von diesem Punkte ab auseinander und würden, immer divergierender, zu ganz verschiedenen Zielen hinführen. Von diesen zwei Geschichten würde die eine notwendig trauriger, die andere notwendig glücklicher verlaufen müssen, beide aber können voll Bewegung sein und nicht ohne tragische Momente. Ich habe in diesem Falle die glücklichere Geschichte zu schreiben. Die Geschichte desjenigen, der, auf eine bestimmte Wirklichkeit angelegt, tatsächlich diese Wirklichkeit immer mehr und immer besser bestätigt sieht, dem immer weniger Befremdliches und Störendes geschieht, weil er immer fähiger wird, das Fremde in Eigenes umzudeuten, mit Eigenem auszusprechen und auf eigene Art zu erleben. Natürlich: es bleibt noch viel Fremdes übrig, und viel Großes, welches sein Gleichgewicht gefährden könnte und das in sein harmonisches Leben sich nicht würde einfügen lassen, etwa wie ein Berg als Bau-Stein nicht benutzbar wäre; ja es bleiben vielleicht alle letzten großen Dinge außerhalb dieser Wirklichkeit, die sich rundet, ohne ihrer zu bedürfen. Vor dem Einsamen, Heimatlosen, dessen Leben ein Flackern ist und ein Suchen nach ihnen, können sie heut oder morgen auftauchen in ihrer namenlosen vernichtenden Größe, aber sie können ihm ebenso gut ewig verborgen bleiben, wenn sein irrender Fuß auf falschen Wegen zum Tode geht. Zu dieser angesiedelten, still umfriedeten Wirklichkeit aber, die wie eine kleine Stadt mit Mauern und Zinnen und Toren und allem Nutz- und Schmuck-Werk großer Städte im Tale liegt, können die allerletzten großen Wahrheiten und Tiefen, obwohl sie dort nie eintreten werden und gleichsam außerhalb des Bildes liegen, doch Beziehung haben: sie können ruhig und stetig auf sie einwirken, wie entfernte Sterne mit ihrem Licht und mit ihrer Anziehung auf Dinge wirken, die von ihnen nicht wissen.

Das also ist der Romantiker Heinrich Vogeler; ein Mensch, dessen ganzes Schicksal darauf gestellt war, ob er die Wirklichkeit, die in ihm angedeutet war und deren er bedurfte wie des Brotes, würde finden und ausbauen können zu einem Leben, zu einer Kunst, zu einem Künstler-Leben ganz eigener, unvergleichlicher Art. Heute nun kann man es mit aller Bestimmtheit aussprechen: daß es ihm gelungen ist, dies Problem zu lösen. Eine halbe Stunde kaum von dem Orte, wo ich diese Zeilen schreibe, ist ein Garten und ein Haus und ein Leben, das in Erfüllung gegangen ist, eine Welt, die sich entwickelt hat und wächst, und man wundert sich manchmal, daß nicht auch ein eigener Himmel mit dazu gehört mit einigen großen und deutlichen Sternen und einer Sonne, welche ganz zarte Wiesen-Blumen mit besonderer Zärtlichkeit aufzieht und ziert.

Es ist eine Welt mit Beschränkungen und Mauern. Aber, der sie gebaut hat und besitzt, leugnet diese Mauern nicht und sucht sie nicht zu verdecken. Er schmückt sie und spricht von ihnen wie von etwas, was ihm auch gehört, und er freut sich, daß sie schön sind und zu seinem Hause passen. Er hat sie öfters gemalt. Auf dem schönen Buchzeichen für den Baron Johann Knoop findet man sie, und auf dem großen Bilde ›Heimkehr‹ auch – und sie tragen gerade in diesem Bilde dazu bei, der Szene Weite zu geben und Größe, und reden in ihrer Art von der Unendlichkeit und von dem Himmel, der dahinter anhebt. Es sind ganz eigentümliche Mauern; sie trennen nicht nur eine geschlossene Eigenart von den profanen Nachbarn ab, sie umgrenzen auch ein kleines Bild einer großen Zukunft und scheiden es von der Gegenwart, von der Zeit, in der solche Erfüllungen noch nicht reifen.

Ich habe noch nie eine Wirklichkeit gesehen, die so reich ist und zugleich so tatsächlich und wirklich in jedem Augenblick. Die Wirklichkeit im Leben der Bauern erscheint uns so, wenn wir als Kinder auf Bilderbogen Darstellungen aus diesem Leben sehen. Da sind alle Verrichtungen natürlich und notwendig, einfach und gut; und wie aus diesem Leben, ganz von selbst, die Ernten kommen und das Brot, so kommt aus dem Leben Heinrich Vogeler's von selbst eine Kunst, die von seinem Heimats-Lande abhängig ist, die gute und schlechte Jahre hat, die seinen Fleiß, sein Vertrauen und Kraft und Liebe seiner Hände braucht, als ob sie sein Feld wäre und er Säemann und erntender Schnitter dieses Feldes.

Heinrich Vogeler hat sich frühzeitig (1892 schon) in einem Lande niedergelassen, über dessen Eigenart seit Jahren viel geschrieben worden ist, – nahe bei dem Dorfe, dessen Name seit dem Jahre 1895 so bekannt ist, als wäre dort eine entscheidende Schlacht geschlagen worden. Fritz Mackensen war hier sein Lehrer. Und auf den jungen Menschen mag seine überzeugende Energie, die an den gewaltigen Aufgaben der Natur gewachsen war, beinahe heroisch gewirkt haben. Er schloß sich eng an diesen Mann an, der sich schon das Recht errungen hatte, dieses Land zu lieben; von ihm geführt, lernte er seine Heimat kennen: ein Adam, an der Hand Gottvaters, der noch atemlos ist vom letzten Schöpfungs-Tag.

Er sah nicht dasselbe, was jener sah, er liebte nicht, was jener liebte; aber daß er zum Sehen und Lieben kam, das dankt er dem erfahrenen Freunde, der von den vielen Schönheiten dieses Landes wußte und dessen Leben es war, die Wege zu suchen, die zu ihnen hinführen und über sie hinaus. Und er fand noch Andere, die sich hier angesiedelt hatten und auf ihre Art an dem Lande hingen, das übrigens auch heute noch in vielen Dingen unerkannt ist und unverkündet von der Kunst, die sich ihm angeschlossen hat. Ist es ein Vorwurf für diese Kunst, wenn man sagt, daß das Land viel größer ist als sie? Ich glaube nicht. Die Künstler, welche hier wohnen, wachsen noch. Noch sind sie mehr Abgeschlossene als Einsame. Aber wenn ihre Liebe nicht nachläßt, so werden sie vielleicht einmal Eingeweihte aller jener Stimmungen und Stunden sein, in welchen die erhabenen Einsamkeiten ihres Landes sich offenbaren. – Doch hier ist nur von Heinrich Vogeler die Rede, und es ist zu sagen, daß er das Land nicht um der großen Gesetze willen, die darin herrschen, liebt, sondern deshalb, weil es ihm Raum gegeben hat für seinen Garten, und weil seine großen Winde ihm die Bäume biegen, die er gepflanzt hat, und weil aus seinen weiten Himmeln das Licht fließt, zu dem seine Blumen sich schlank und zitternd erheben. Ihm ist es nicht um die Bäume zu tun, die irgendwo fern in der Heide stehen, Waisen, vom Winde gepflanzt und vom Zufall erzogen: er brauchte einen Platz, wo er *seine* Bäume aufrichten konnte, und die Blumen auf anderen Wiesen sind ihm wie die Sterne des Himmels, die man zwar lieben, von denen man aber nicht lernen kann. Und lernen wollte er von seinem Garten. Dort wollte er einzelne Dinge versammeln, Vertreter dessen, was in jenen weiten Ebenen wächst, zerstreut und sinnlos sich wiederholend, – dort sollte für jedes seiner leisen Erlebnisse ein Sinnbild stehen, das selbst wieder seine eigene Entwickelung hat, so daß es schien, als hörten seine Erlebnisse, deren Erinnerung an diese blühenden und welkenden und wieder blühenden Dinge gebunden war, nicht auf, sich zu verändern, als wüchsen sie, über ihr eigenes Dasein hinaus, unter den gütigen Himmeln ruhig weiter, gleich geliebten Verstorbenen, die man plötzlich, durch den Schleier des Todes hindurch, ruhig weiterwandeln sieht. Ihm verging nichts mehr. In seinem Garten blieb alles, was einmal dagewesen war, und eine jede liebe und schöne Stunde war wie Daphne und verwandelte sich in einen Baum mit schlanken, dunklen Blättern, die geheimnisvoll glänzten. Sein Leben stand immer um ihn, und er stand immer mitten in seinem Leben. Das ist ganz wörtlich zu nehmen; denn er war selbst der Gärtner dieses Gartens, er setzte Bäume wie man Buchstaben setzt, wenn man ein Buch schreiben will, und wie Licht und Dunkel gingen die Frühlinge und die Winter über die Blätter dieses Buches. Und doch: dieser Vergleich trifft nur eine Seite der Sache. Über diesen Garten war ein sehr seltsamer Gärtner gekommen, ein Dichter, der in seinen Garten einen Gedicht-Anfang setzte, und es der Natur überließ, nachdem er den Rhythmus angedeutet, das Gedicht fortzuführen; und ein Maler, der, von dem wild wachsenden Gedicht angeregt, ein Bild schuf, darin es nachgebildet war, und den dieses Bild, das er gemalt, wieder zu einem neuen Versuch anleitete, bei dem er wieder wirklich Gärtner wurde. Es ist schwer zu sagen, und man sucht umsonst Bilder dafür, anzudeuten, was für eine Kette von Anregungen und Wechsel-Wirkungen diesen Garten mit Heinrich Vogeler's Kunst verbindet. Seine Blätter und Bilder sind dorten weiter gewachsen, bis sie wieder Anlaß zu neuen Bildern geworden sind, und seine Kunst hat, an diesen Garten und seine Fortschritte sich haltend, viele Entwickelungen durchgemacht, ganz von selbst, und nur, um den neuen und größeren Anforderungen, die sie vor sich sah, gerecht zu werden. Es ist kein Zufall, daß bei den frühen und mittleren Arbeiten Heinrich Vogeler's alles frühlinghaft wirkt; denn ein junger neuer Garten behält auch im Sommer jenes schlanke und schüttere Wesen, etwas Großmaschiges, und durch jede Masche sieht der Himmel durch. Später erst, als sein Garten dichter, seine Bäume größer und reifer und seine Blumen unzählbar geworden waren, konnte Heinrich Vogeler vom Sommer erzählen; und das war nun auch *sein* Sommer. Schon auf einigen Bildern aus dem vorigen Jahre sieht man das Bestreben, jeden Platz auf der Leinwand auszufüllen, durchzuarbeiten, Ding neben Ding zu setzen; – dichte Gebüsche und schwere Bäume mit dunklem Laubwerk, in das helle Früchte verflochten sind, treten an Stelle jener schlanken mädchenhaften Bäume, die man auf seinen Blättern zu sehen gewohnt ist, und zugleich läßt er die Radierung, die mit ihren Schärfen und Härten seinem neuen Bedürfnis nicht mehr entspricht, fallen und wartet, da es zu Bildern noch mancher Vorbereitung bedarf, auf ein neues Ausdrucks-Mittel. Das ergiebt sich ihm in der holzschnittartigen Zeichnung, die er zuerst buchschmuckmäßig auf den Seiten der ›Insel‹ anwandte, ehe er selbständige Blätter schuf, Blätter, die sich mit nichts vergleichen lassen und die zu den merkwürdigsten Dokumenten seiner Kunst gehören. Natürlich war es wieder sein Garten, welcher mit seiner wachsenden Fülle den ersten Anstoß zu diesem Fortschritt gab. Noch ehe Heinrich Vogeler die farbige Vielfalt des dichten Laubes künstlerisch empfand, interessierten ihn die verschlungenen Wege der Kontur, und seine phantastischen Vögel in der ›Insel‹ waren ein Versuch, das Geheimnis der Umrisse zu erforschen. Und er scheint immer mehr in den Besitz dieses Geheimnisses gekommen zu sein, denn seine Feder-Zeichnungen, weit entfernt davon, es zu verraten, zeigen eine Sicherheit der Linien, die nur ein Wissender ihnen geben konnte. Man erinnere sich irgend einer der in dem früheren Sonder-Heft*, das diese Zeitschrift Heinrich Vogeler gewidmet hat, reproduzierten Zeichnungen, des dürftigen Buch-Schmuckes, der Unsicherheit und Unreife der Linien-Führung, und man halte das überraschende Blatt ›Träume‹ daneben, das eine ganz ausgebildete Konturen-Sprache mühelos anwendet: man wird mir zugeben müssen, daß zwischen damals und jetzt mehr – innere und äußere – Fortschritte als Jahre liegen. Es ist natürlich nicht der reifere Garten allein, der das alles gemacht hat. Die ›Insel‹ ist gegründet worden, die Raum und Anregung bot, die Zeichnungen von Beardsley brachte, welche für Vogeler eine Offenbarung waren und die ihm endlich auch die Bekanntschaft mit Menschen vermittelte, deren große Kultur ihm wohltat und deren Wesen ihn, weil es, gleich dem seinen, auf Verwirklichungen gestimmt war, mit fremdartiger Verwandtschaft nahe berührte.

Auch vorher schon hatte Vogeler kunstgewerbliche Ideen auszuführen versucht, und wenn auch sein Stil (den ich auch aus dem Wesen junger Gärten und nicht aus einer Empire-Empfindung heraus erklären möchte) schon damals ziemlich entwickelt war, so fehlte ihm doch die Kenntnis jeglichen Materials, und aus Konturen, mochten sie noch so sicher empfunden sein, ließen sich keine Dinge machen. Wenn man keinen Augenblick vergißt, daß in Vogeler's Leben der Drang zur Wirklichkeit eines der Leit-Motive war und die Ursache seiner ganzen eigentümlichen Persönlichkeit, wird man verstehen, wie wichtig es ihm war, Dinge zu bil-

* April-Heft 1899 der Deutschen Kunst und Dekoration.

den, das heißt einfache und schlichte Verwirklichungen seiner inneren Welt in den Alltag zu setzen und sich und andere damit zu umgeben. Im Kreise der ›Insel‹ wuchs er in diese Aufgaben hinein unter jungen Freunden, welche die Stimmen aller Stoffe kannten und die schönen Melodieen, zu denen Silber und Damast und Seide und Glas zusammenklangen, zu komponieren wußten. Dort lernte er die Seele des Silbers verstehen und die jungfrauenhafte Art dieses stillen, ihm wahlverwandten Metalls, lernte in Silber Dinge dichten, und Lieder schreiben, die das Silber mit seiner glänzenden Stimme sang. Der wunderschöne Spiegel entstand damals mit seinem reichen, aus Ranken-Motiven, die ein großer Vogel zusammenfaßt, gebildeten Rahmen, die Silber-Leuchter mit dem unrealistisch, ganz im Sinne des Silbers, erfaßten und doch so sicher durchgebildeten Tulpen-Motiv: lauter Dinge von ruhiger, natürlicher Wirklichkeit, die mit jenen schon erwähnten Zeichnungen in ergänzendem Verhältnis stehen. Denn die genaue Betrachtung und Kenntnis eines Materials führt zu der Erfahrung, daß keine Stelle daran leer ist und jede anders als die nachbarliche, daß es keine Pausen und Lücken und Verlegenheiten, sondern nur Ausdruck giebt, und daß in diesem Reichtum, in diesem Überfluß der große Zauber schöner Dinge beruht und ihre Bedeutung für das Leben.

Die Erfahrungen, die Heinrich Vogeler an Silber und an Glas gemacht hatte, bestätigte ihm, als er ihn mit neuen Augen sah, sein wachsender Garten, der dieselbe Fülle von Farben und Formen aufwies, wie irgend ein kostbares Ding. Um das ganz zu begreifen, muß man wissen, wie das feuchte Klima dieses Landes auf alles einwirkt, wie kein Stück Holz an einem Bretter-Zaun farblos und fahl bleibt, wie unter dem Einfluß des Regens seine Adern aufleuchten, oder wie es beschlagen mit rauchigem Grün und übersponnen von den Fäden seltsamer Flechten wie mit Stücken von alten Altardecken und Meß-Gewändern bezogen scheint. Da kann man auf dem kleinsten Fleck seine Augen ruhen lassen, gewiß, eine Unmenge formaler und farbiger Anregungen zu empfangen. Hier, auf den Stämmen seiner Bäume oder auf irgend einer alten Moor-Wand war das Prinzip der Applikation mit Resten bunter Seiden ebenso vorgebildet, wie der farbige Grund-Gedanke und die Malweise seiner neuen Bilder, die noch in der Entfaltung begriffen ist.

An der Grenze dieser Entwickelungen steht das kleine Bild: ›Mai-Morgen‹. Man betrachte, wie da die Luft gemalt ist, wie die Konturen der Dinge zittern in der frischen frühen Kühle des Sonnen-Aufgangs, wie alles voll Erwachen ist und Atem und Freude. Man glaubt, in dem Rhythmus der Umrisse das Schwingen der vielen Vogel-Stimmen zu fühlen, die diese einsame Stunde erfüllen, man glaubt zu sehen, wie die Farben immer mehr Licht empfangen und voller und dunkler werden, und dabei behält man doch das Bewußtsein des Bildes, das Gefühl von einem Bild-Moment, einem Moment der Ruhe, einem Höhepunkt, gleichsam dem Gipfel des Morgens, von dem es nun abwärts geht in das Tal des Tages.

In der ›Verkündigung‹ geht diese Entwickelung, wenngleich nicht gleichmäßig und etwas tastend, weiter. Wer vor dieses Bild tritt, dem wird vielleicht zuerst einfallen, daß er schon eine Verkündigung dieses Malers kennt, eine Radierung, die nicht zu den bekanntesten Blättern Vogeler's gehört, aber für jeden, der sie aufmerksam betrachtet, ganz unvergeßlich ist. Aber auch dieses ist nicht die erste ›Verkündigung‹ Heinrich Vogeler's. Die erste und allerschönste findet sich als Bleistift-Skizze in einem großen alten Skizzen-Buch, das die Stelle eines Tage-Buches vertritt und die Erlebnisse der ersten Worpsweder Zeit zusammenfaßt. Und damals war die ›Verkündigung‹ Erlebnis für ihn. Damals, als das zarte schlanke Mädchen, das auch neben ihm und seiner Kunst sich entfaltete, wie eine Schwester und Gefährtin seines Gartens, zuerst in den Klängen seiner Guitarre Stimmen des Lebens und Glückes vernahm und lauschend an ihm vorbei in die Himmel schaute . . . Damals zeichnete er diese unvergleichliche Verkündigung als das erste Blatt eines Marienlebens, das Wirklichkeit wurde und still und wunderbar in Erfüllung ging. Und wieder mußte er diese Verwirklichung abwarten, ehe er das Bild ›Verkündigung‹ malen konnte. Seine Kunst, die mit dem Leben gleichen Schritt hält, konnte damals nur andeutungsweise, wie in hellseherischem Traume, jenes Bild festhalten, das später einmal entstehen sollte, wenn es nicht mehr Traum sein würde. In dem Bild ist alles reifer als in der Zeichnung: es verhält sich zu ihr wie die Wirklichkeit zum Traum. Es ist ausgeglichen in allen seinen Teilen, etwas von der Ruhe der Landschaft ist auch in Maria, etwas von der Stille des Himmels in dem singend-sagenden Engel, der sich zu ihr niederneigt. Der Inhalt ist nirgends zusammengedrängt, gleichmäßig ist er über das ganze Bild ausgebreitet, darin aufgelöst wie Duft im Sommer-Tag. Das ist eine Tugend des Bildes, aber eine Abschwächung des Ausdrucks, auf den jene Zeichnung ausgeht mit einer einseitigen herben Gewaltsamkeit, die man nicht vergessen kann. Die Verkündigung ist dort ein Ereignis, hier, im Bilde, eine Stimmung. . . .

Und jenes alte ›Skizzenbuch‹, welches die erste ›Verkündigung‹ enthält, ist voll von Ereignissen. In einfachen, oft biblischen Bildern sprechen sie sich aus und sie reden wie mit starker Stimme. Da ist eine Zeichnung, die ›Fürbitte‹ heißt. Im Hintergrunde eine Eselin, bei der ein alter Mann sich beschäftigt, vorn ein Weib, eine Mutter, knieend, und man sieht dem Profil ihres Mundes, welcher spricht, die Größe und Gewalt des Gebetes an, mit dem sie Gott überzeugen und überreden will. Sie kniet, und es scheinen Hunderte zu knieen, sie betet – und es ist, als ob die Mütter eines ganzen Volkes sich versammelt hätten, um Gott mit ihren vereinten Worten zu gewinnen. Es ist, als wäre die ganze Welt an diesem Gebete irgendwie beteiligt, – ebenso wie auf einem anderen Blatte, das ›Ruhe auf der Flucht‹ überschrieben ist, alles an dem Feiertag und an der Rast teilzunehmen scheint, welche die heilige Familie in der Einsamkeit feiert. Dieses Blatt ist eine der einfachsten Kompositionen Heinrich Vogeler's. Wie die ›Fürbitte‹ ganz von Stimmen erfüllt scheint, so ist hier alles voll Schweigsamkeit

14. Verkündigung über den Hirten, 1912

15. Rast auf der Flucht, 1912

und Stille. Wachsam steht der Mann bei dem Tiere, in dessen Schatten sich die Mutter niedergelassen hat, um ihrem Kinde die Brust zu reichen. Eine helle weite Landschaft breitet sich um die Gruppe aus und scheint alle Fremdheit zu verlieren und die Heimat derer zu werden, die sich ihr anvertrauen. Fern sieht man die Wege, die sie gekommen sind, und nur diese reden ganz leise von der Hast und Angst der Flucht, von dem Zurückschauen und Zurückhorchen und von dem Weiterziehn in eine fremde Zukunft und Ferne.

Es ist interessant, an der Hand dieses Skizzenbuches zu betrachten, wie sehr diese biblischen Stoffe, ähnlich wie früher die märchenhaften, nur Vorwände sind, die der Künstler ergreift, um seinen Skizzen und Entwürfen einen Namen zu geben. Die Anregung zu der Radierung von den sieben Schwänen kam nicht von dem Märchen her, und die Entwürfe dieses schönen Marienlebens sind nicht über dem Lesen der Bibel gereift. Es war wieder die Wirklichkeit, die sich diese Bilder schuf, und der Garten Heinrich Vogeler's, in dem sie sich irgendwo ereigneten. Dieser Garten senkt sich sanft gegen die Chaussee, und von seinen höhergelegenen Punkten sieht man über seine Mauer hinaus das tiefe flache Land mit seinen Wiesen und den kleinen viereckigen Gärten, mit seinen großen heroischen Baum-Gruppen und den Wegen und Wasserläufen, die kommen und gehen. Heinrich Vogeler hat diese Formen eigentlich nie gemalt, aber, wenn er im Bewußtsein dieser Ebenen, die ihn auf allen Seiten umgaben, in seinem Garten ging, dann fühlte er auch diesen als ein Stück jener weiten offenen Welt, als ein Stück Ebene und Größe. Und man kann geradezu sagen, daß es der Geist der Ebene ist, der sich in diesen Zeichnungen hinter den biblischen Stoffen verbirgt. Das ist kein Zufall, denn auch die Bibel ist voll Ebene; das Ziehen von Menschen und Herden auf weithin übersehbaren Wegen gehört ebenso zu ihr wie die weiten gewaltigen Himmel des Tages und der Nacht, die auf den einfachen Linien des Horizontes aufruhen. Diese Himmel kennt Heinrich Vogeler in ihrer nächtlichen

Größe, für die er den schönsten und überzeugendsten Ausdruck gefunden hat auf jenem Blatte, da er die Sternen-Nacht des Firmamentes ganz erfüllt mit den hochragenden Gestalten von drei oder vier Engeln, die singend neben einander stehen. Ihre erhobenen Häupter sind in der Höhe des Himmels, während der Saum ihrer langen, weichen, gleitenden Gewänder die Baum-Gruppen streift und wie Nachtwind an die Herden und Hirten rührt, über denen sie die bethlehemitische Botschaft singen. Auch dieses ist eine von den Zeichnungen in dem großen alten Skizzenbuche. Und wenn Vogeler auch aus diesem Blatte ein Bild macht, so wird es vielleicht das schönste von seinen Bildern sein, denn seine Malerei scheint mir besonders geeignet, das Geheimnis dieser heiligen Nacht mit verhaltener Farbigkeit zu erzählen. Denn eine Kunst, welche, wie die Vogeler's, auf das Leben angewiesen ist, wird diesen Weg immer gehen müssen; sie wird, von der Breite des Lebens lernend, an das Leben sich gewöhnend, stiller und ausgeglichener werden, als manche andere Kunst, aber sie wird an Eindringlichkeit und Tiefe verlieren. Man kann sich eine Kunst denken, welche allmählich zu Bildern aufwächst, in denen alles auf der Höhe jenes Ausdrucks steht, wie er in der Vogeler'schen Zeichnung zur Verkündigung einmal gefunden worden ist. Dieses aber ist die Kunst Heinrich Vogeler's nicht. Eine Kunst, die auf solche Offenbarungen ausginge, müßte sich notwendig vom Leben entfernen, denn das Leben ist ein geheimnisvolles Nebeneinander unverkündeter Gesetze, keine Offenbarung. Eine solche Kunst (und es ist die ganz große Kunst, die Kunst der großen Menschen) müßte nicht auf Wirklichkeiten warten und über alle Erfüllungen ungeduldig hinausgehen. Das Leben, mit dem eine solche Kunst in Wechsel-Beziehung stünde, das Leben, aus dem eine solche Kunst käme, *kann* jetzt noch nicht gelebt werden. Es ist ein zukünftiges Leben und die Kunst, die große Kunst, ist ein Stück dieser Zukunft, und wer sie jetzt hat und schafft, hat noch kein Leben dazu und ist heimatlos und fremd in der Zeit. Und trotzdem ist dies die große und feierliche Hoffnung, die wir alle haben, daß die Erde nicht kalt wird, ehe dieser erhabene und ferne Zusammenschluß, der den Ganzgroßen eine Heimat giebt, geschieht; daß das Leben einmal so groß sein wird, daß die große Kunst daraus entspringt, die jetzt fremd und ohne Zusammenhang über den Ländern liegt wie das Abendrot über den Straßen der Städte.

Und darum muß man Heinrich Vogeler seinen kleinlichen Verehrern fortnehmen und diejenigen auf ihn verweisen, welche in jener entfernten Synthese die einzige Erfüllung sehen, neben die gehalten, alle anderen Erfüllungen nur leisere Sehnsüchte sind. Sie werden ihn als einen Vorläufer empfinden, als einen bescheidenen und kleinen Anfänger großer Zukünfte. Und sie werden ihm damit mehr Ehre antun, als seine früheren Lober mit ihrer Begeisterung. – Natürlich weiß ich, daß ich ihn damit sehr vielen entfremde, um ihn ganz wenigen zu geben.

Zu dieser Ausgabe

Rainer Maria Rilke hat die Sammlung *In und nach Worpswede. Verse für meinen lieben Heinrich Vogeler* vor 100 Jahren als Geschenk zu Vogelers 28. Geburtstag, dem 12. Dezember 1900, zusammengestellt. Das handschriftliche Manuskript mit anfangs sechzehn, überwiegend in Worpswede entstandenen und zum Teil durch Bilder Vogelers angeregten Gedichten (zu denen später fünf weitere gestellt wurden) war nicht nur ein Geburtstagsgeschenk und als solches von vornherein ein Zeichen liebevoller Verehrung, es war ein Dank für Zusammenarbeit und vielfältige Hilfe und – ein erster Abschied.

Rilke und Vogeler kannten sich zu diesem Zeitpunkt bereits mehr als drei Jahre, und aus ihrer anfänglichen Zufallsbekanntschaft war längst Freundschaft geworden. Erstmals begegnet waren sich die beiden jungen Männer am 15. April 1898 in Florenz. Ein Herrenabend in der dortigen Pension Benoit, in der Rilke wohnte, hatte sie zusammengebracht, als man zu vorgerückter Stunde noch zu Rilke hinaufstieg, vor dessen Zimmer eine Dachterrasse lag, die einen wunderbaren Ausblick auf die Stadt bot. Es könnte sein, daß beide an diesem Abend nicht wirklich miteinander gesprochen haben, denn Vogeler ließ sich erst im Nachhinein den Namen des jungen Gastgebers nennen, der sie »wie alte Bekannte empfangen« hatte; und Rilke versuchte am nächsten Morgen vergeblich, Vogeler zu erreichen, nicht wissend, daß dieser bereits von Florenz abgereist war.

So wird ein erster Briefwechsel den freundschaftlichen Kontakt eröffnet haben, dem bald wechselseitige Besuche folgten: Vogeler besuchte Rilke am 21. November in Berlin – und erhielt bei dieser Gelegenheit Rilkes Gedichtband *Larenopfer* als Geschenk –, und am 19. Dezember machte Rilke einen Gegenbesuch in Bremen und verlebte in Vogelers Elternhaus – »einem vornehmen alten Patrizierhaus«, wie er am 29. Dezember an die Mutter schrieb – das Weihnachtsfest. Mehr noch als von der Atmosphäre in Bremen war er von einer Fahrt nach Worpswede – seiner ersten – am 25. Dezember begeistert, an dem sie Vogelers Barkenhoff besuchten, »das weiße Giebelhaus an dem jeder Stein, in dem jeder Stuhl von ihm gezeichnet und beabsichtigt wurde«. Nach Berlin zurückgekehrt, sandte er »seinem lieben Heinrich Vogeler zum Anfang des neuen und als Anhang des gut vollendeten Jahres« einen »Haus-Segen« für das Jahr 1899, den Vogeler in einen Balken des Barkenhoff einkerben ließ und der dieses Haus bis heute ziert.

Mehr und mehr fanden Rilke und Vogeler in den folgenden Monaten über Besuche und wechselseitige Geschenke hinaus auch zu gemeinsamer Arbeit: Vogeler zeichnete im Dezember 1899 ein detailreiches Blatt zu Rilkes Gedicht »Die heiligen drei Könige«; Zeichnung und Gedicht wurden in der Zeitschrift ›Die Insel‹ im März 1900 abgedruckt und zählen zu den schönsten Zeugnissen eines Jugenstil-Gesamtkunstwerks. Als zu Weihnachten 1899 Rilkes Gedichtbuch *Mir zur Feier* mit Vignetten von Vogeler erschien, schenkte Rilke diesem ein Exemplar mit der handschriftlichen Widmung:

> Möchten Sie, mein lieber Heinrich
> Vogeler, dieses Buch immer als
> unsern gemeinsamen Besitz be=
> trachten und – empfinden. In
> viel Liebe und Dankbarkeit Ihr
> Rainer Maria Rilke. Jan. 1900.

Gegenüber dem Titelblatt ist außerdem neben einem Dank an die Förderer des Buches ein Dank an Vogeler eingedruckt, für »Schmuck und Schönheit« der Ausgabe.

Geradezu einen Einschnitt in Rilkes Leben und Schaffen aber bewirkte eine Einladung Vogelers im Sommer 1900 an Rilke, von der dieser Lou Andreas-Salomé am 4. August 1900 aus Petersburg berichtete: Vogeler habe »sehr lieb geschrieben, er erwartet mich also«. Am 27. August fuhr Rilke zu Heinrich Vogeler nach

Worpswede und blieb dort fast sechs Wochen, bis zum 5. Oktober 1900, als Gast auf dem Barkenhoff. Er fühlte sich, wie nie zuvor in seinem Leben, in einer gleichgesinnten Gemeinschaft aufgehoben und beschließt am Abend des 26. September, so der Eintrag im Tagebuch: »in Worpswede zu bleiben«. Über die Gründe, warum er wenige Tage danach dann doch nach Berlin zurückkehrte, ist viel spekuliert worden – Rilke hatte immerhin bereits ein Haus dort gemietet. Möglicherweise aber ahnte er damals lediglich, daß er in der Abgeschiedenheit dieses Ortes rasch zu sehr auf sich geworfen sein könnte und, statt als Künstler zu wachsen, von Tag zu Tag kleiner werden würde, wie er dies im Sommer 1903 dann von Vogelers Dasein empfand.

Die meisten der in diesem Band abgedruckten Gedichte für Heinrich Vogeler sind in jenem September 1900 in Worpswede entstanden. Sie sind als geschlossene Sammlung vollständig noch niemals gedruckt worden, wenn Rilke deren Veröffentlichung auch Anton Kippenberg gegenüber einmal erwogen hat: Es »überrascht mich . . ., was in seinem Buch ‹dem Manuskriptbuch für Vogeler› allmählich zusammengekommen ist, durch seine Einheit, und ich stehe diesen Moment unter der Eingebung, ob es nicht recht angemessen und von besonderem Reiz wäre, diese für ihn entstandenen Verse, so wie sie sind, von ihm ausgestattet, als aus seinem Besitz, herauszugeben? Der Gedanke hat viel für sich, auch in meinem Gefühl tritt manches hinzu, was ihn unterstützt, manche Erinnerung lebt darüber auf und legt ihre Stimme ein.«

Die Gedichte werden in der Reihenfolge abgedruckt, wie sie im *Katalog der Rilke-Sammlung Richard Mises* (1966) als Reihenfolge des Manuskriptbuches angegeben ist, nicht in der Reihenfolge ihres Entstehens, wie sie Ernst Zinn in Band III der *Sämtlichen Werke* (Insel Verlag 1955-1966) mitgeteilt hat:

– Nachträglich eingeklebt unter dem Titel des in das Einbandpapier des Umschlags von Heft 6 der Zeitschrift ›Die Insel‹

(I, 1900) gebundenen Buches, der *Haus-Segen, anno d. 99* – hier der Sammlung vorangestellt.

- *Schicksale sind (ich fühl es alle Tage)...*, vom 27. September 1900; mit diesem Gedicht begann Rilke zugleich sein *Worpsweder Tagebuch*.
- *Die Braut*, vom 7. September 1900, geschrieben für Heinrich Vogeler auf Martha Schröder, dessen spätere Frau, mit der Widmung: »Ihnen und der, welcher es gehört«.
- *Stimmung im Barkenhoff*, vom 9. September 1900, niedergeschrieben nach einem Abend im Barkenhoff, der in lauter Weinseligkeit endete; 1902 ins *Buch der Bilder* übernommen.
- *Ein Mädchen, weiß und vor der Abendstunde*, 16. September 1900.
- *....halb Unbewußtes leben, halb im Eifer...*, 21. September 1900.
- *Zu zwei Blättern Ihres großen Skizzenbuches*, vom 29. September 1900. Sie wurden Weihnachten 1901 in der Beilage der ›Bohemia‹ in Prag gedruckt. Das Skizzenbuch ist leider verloren; die hier (Seite 64/65) – und auch sonst häufig in diesem Zusammenhang – gedruckten, stimmen in den Details mit den Gedichten nicht überein.
- *Der Sonntag war so seidengrau...*, vom 1. Oktober 1900.
- *Gesang*, vom 3. Oktober 1900. Rilke hatte das unter anderem Titel ins *Buch der Bilder* übernommene und dort Paula Modersohn-Becker gewidmete Gedicht den Worpsweder Freunden am 4. Oktober im Barkenhoff vorgelesen.
- *Aus einem Worpsweder Cyklus: Vom Tode*, Rilke schrieb den gesamten Gedichtkreis am 9. September 1900 nieder.
- *Herbst*, kurz vor dem 21. Oktober 1900 in Schmargendorf, ins *Buch der Bilder* unter dem Titel »Bangnis« aufgenommen.
- *Bildnis*, Mitte Oktober 1900.
- *Begleitung zu Bildern*, vom 31. Oktober 1900. Die hier abgebildeten Bilder sind nicht mit letzter Gewißheit die, auf die sich Rilke bezieht; mit ziemlicher Sicherheit aber korrespondiert

das Gedicht »Das Haus« mit dem Bild »Maimorgen«, das lebenslang ein Lieblingsbild Rilkes blieb, und das Gedicht »Ritter, Welt und Heide« mit dem Bild »Am Heiderand«.

– *Neujahrs-Segen zu 1901*, der Sammlung als loses Blatt beigelegt.

Nachträglich in das Manuskriptbuch eingeklebt:

– *Gebet zu Sankt Georgs Macht und Namen*, an Vogeler am 17. Juli 1899, nach der Rußlandreise, »mit einem russischen Heiligen« gesandt.
– *Meine Hände gingen voran. . .*, Dank Rilkes an Vogeler vom 20. November 1899 für ein handkoloriertes Exemplar von dessen Gedichtbuch *Dir* (Insel Verlag, 1899).
– *Mir ist: es wandert der weiße Saal. . .*, ein mit den Freundinnen Clara Westhoff und Paula Becker am 3. Februar 1901 in Berlin, als Einladung nach Berlin zu Paulas Geburtstag am 8. Februar, geschriebenes Gedicht.

Den Aufsatz *Heinrich Vogeler*, der dieser Ausgabe gekürzt als ›Nachwort‹ beigegebenen ist, beendete Rilke am 29. Januar 1902; erstmals erschienen ist er am 1. April 1902 als Sonderheft von ›Deutsche Kunst und Dekoration‹, dem zweiten zu Heinrich Vogelers Werk und Persönlichkeit (er wird gedruckt nach der Ausgabe *Kommentierte Werke in vier Bänden*, Insel Verlag 1996). In ihm werden viele der Bilder besprochen, die auch für die Gedichte des Manuskriptbuches Anregung waren. Von diesem Aufsatz hatte Rilke am 12. April 1902 an Harry Graf Kessler geschrieben: er »war mir eine besonders freudige Aufgabe, und wenn er gelungen ist, so ist das wieder ein Beweis für die Tatsache, daß je größer die Liebe, desto größer auch Gerechtigkeit und Einsicht: Liebe macht nicht blind, sondern sehend!«

Vera Hauschild

Text- und Bildnachweis

Die Gedichte folgen der Ausgabe:
RMR: Sämtliche Werke. Herausgegeben vom Rilke-Archiv. In Verbindung mit Ruth Sieber-Rilke besorgt durch Ernst Zinn. Erster Band: Gedichte. Erster Teil. Insel Verlag 1955.
Dritter Band: Jugendgedichte. Insel Verlag 1959.
»Heinrich Vogeler in Worpswede« ist ein Auszug aus Rilkes Essay »Heinrich Vogeler« von 1902; Textgrundlage: RMR: Werke. Kommentierte Ausgabe in vier Bänden. Band 4: Schriften, hrsg. von Horst Nalewski. Insel Verlag 1996.

Bildverzeichnis:

1. Sommerabend, 1900?-1905. Öl auf Leinwand, 175×310 cm. Bundesrepublik Deutschland/Land Niedersachsen/Landkreis Osterholz. Auf der Terrasse vor dem Barkenhoff dargestellt sind (von links) Paula Becker, Agnes Wulff, Otto Modersohn und Clara Westhoff; in der Mitte Martha Schröder; (von rechts) Martin Schröder, Heinrich Vogeler (verdeckt) und Franz Vogeler (mit Flöte)
2. Frühling, 1896. Radierung 34,3×24,7 cm. Barkenhoff-Stiftung Worpswede
3. Sommerabend, 1902. Radierung 17,5×14 cm (Ausschnitt aus der verworfenen Radierung von 1899). Barkenhoff-Stiftung Worpswede
4. Verkündigung an die Hirten, 1902. Öl auf Leinwand, 92×75 cm. Sammlung Haus im Schluh Worpswede
5. Frühlingsabend, 1901. Öl auf Leinwand, 72×54,5 cm. Privatbesitz
6. Verkündigung an Maria, 1901. Öl auf Leinwand, 100×8(?). Privatbesitz, Arnsberg
7. Tod und Alte, 1896. Radierung, 17×11,4 cm. Barkenhoff-Stiftung Worpswede
8. Maimorgen, 1900. Öl auf Leinwand. Verschollen

9. Am Heiderand, 1900. Öl auf Leinwand, 87,5×72 cm. Privatbesitz
10. Die Nacht, 1897. Radierung, 23,8×18. Barkenhoff-Stiftung Worpswede
11. Frühling, 1897. Öl auf Leinwand, 175×150 cm. Sammlung Haus im Schluh Worpswede
12. Der Barkenhoff, 1904. Öl auf Leinwand, 45,5×60,5 cm. Privatbesitz
13. Drachentöter, vor 1902. Federzeichnung
14. Verkündigung über den Hirten, 1912. Federzeichnung. Worpsweder Archiv
15. Rast auf der Flucht, 1912. Federzeichnung. Worpsweder Archiv

Abbildung 14 und 15 zeigen Entwürfe für eine nicht realisierte Ausgabe von Rilkes *Marien-Leben*.

INHALT

14. Auflage 2025. Für diese Ausgabe: Bezugspapier: Buntpapier, Lithographie, Heinrich Vogeler, um 1900. Deutsches Buch- und Schriftmuseum der Deutschen Bücherei Leipzig. Inventar-Nr. AE 30781 (Sammlung Seegers). Gesetzt in der Schrift Bembo. Gedruckt auf holzfreies, alterungsbeständiges mattgestrichenes Papier der Firma Inapa, Hamburg, von der Memminger MedienCentrum AG, Memmingen. Gebunden in Fadenheftung von der Josef Spinner Großbuchbinderei GmbH, Ottersweier. Printed in Germany. Erste Auflage 2000. ISBN 978-3-458-19208-4.

Insel Verlag Anton Kippenberg GmbH & Co. KG,
Torstraße 44, 10119 Berlin. info@insel-verlag.de
www.insel-verlag.de